Das didaktische Konzept zu **Sonne, Mond und Sterne** wurde mit Prof. Dr. Manfred Wespel, Pädagogische Hochschule Schwäbisch Gmünd, entwickelt.

Beim Druck dieses Produkts wurde durch den innovativen Einsatz der Kraft-Wärme-Kopplung im Vergleich zum herkömmlichen Energieeinsatz bis zu 52% weniger CO_2 emittiert.
Dr. Schorb, ifeu.Institut

MIX
Papier aus verantwortungsvollen Quellen
FSC® C011124

Titelbild und farbige Illustrationen von Melanie Garanin
Reproduktion: Domino Medienservice GmbH, Lübeck
Druck und Bindung: Mohn media · Mohndruck GmbH, Gütersloh
Printed 2011
ISBN 978-3-7891-1241-6

www.oetinger.de

Melanie Garanin

Maras ganz
geheimes Pony

Verlag Friedrich Oetinger · Hamburg

Inhalt

1. Das neue Haus

„Aus dem Weg!", ruft Mama.
Sie stolpert über einen Karton
und fällt fast
in eine der anderen Umzugskisten.
Mama hat ein rotes Gesicht.
„Geh raus und spiel im Garten!
Wir sind sicher bald fertig", sagt sie.

Mara verzieht das Gesicht.
Es wird ewig dauern,
bis man hier wohnen kann.
Mama und Papa rennen hin und her.
So eine Hektik!
Typisch Erwachsene!

Unter dem Apfelbaum
steht ein Kinderwagen.
Maras kleiner Bruder Lasse schläft.
Der Umzug ist ihm egal.
Der hat es gut!
Er hatte keine Freunde
im alten Zuhause.

Mara hatte viele Freunde.

Die liebe Lena.

Die freche Frida.

Und eine allerbeste Freundin: Greta.

Mara vermisst sie jetzt schon.

Mara schaut sich im Garten um.
Der neue Garten ist riesig.
So riesig wie das neue Haus.

Was für tolle
Vater-Mutter-Kind-Höhlen
sie hier bauen könnten!
Überall sind Blumen und Büsche
und Verstecke.
Alleine macht das aber keinen Spaß.

„Kalle!", ruft Mara. „Komm,
wir spielen mit dem Ball!"
Aber Kalle mag nicht spielen.
Er ist ein Hund, der fast nie spielt.

Mara streckt ihm die Zunge raus.
„Du langweilige Langnase!",
schimpft sie.

2. Der Nachbargarten

Mara geht über die Wiese.
Vor einer großen Hecke
bleibt sie stehen.
Die Hecke ist sehr hoch.
Und sie ist sehr dicht.

Neugierig sucht Mara nach
einem Loch.
Vielleicht wohnen ja
Kinder nebenan?

10

Mara hat
einen kleinen Durchgang gefunden.
Sie sieht ein altes Haus
in einem wilden Garten.
Sie sieht keine Schaukel
und keine Rutsche.

Komische Gardinen hängen am
Fenster.
Das ist ein Haus von alten Leuten,
ganz klar!

Und dann ist Mara
auch schon drüben.
Die Bäume bilden ein Blätterdach.
Rosen ranken die Stämme hinauf.

Das Gras reicht ihr
bis zum Bauch.
Hier ist es wunderbar verwunschen!

Ganz weit hinten im Garten
steht ein alter Schuppen.
Hat sich dort etwas bewegt?
Maras Herz klopft laut und schnell.

Sie schleicht sich langsam an.
Was kann das sein?

3. Das geheime Pony

In dem Schuppen steht ein Pony!
Es schaut Mara verwundert an.

„Hallo, Pony ...", flüstert Mara.
Da dreht es sich um.
Mara sieht nur noch
sein weißes Hinterteil.

Mama ruft: „Maaaraa! Abendbrot!"
Schnell rennt Mara zurück zur Hecke.

Sie wird niemandem
von ihrer Entdeckung erzählen!
Das ist ihr geheimes Pony!
Sie will es ganz alleine zähmen!

Am nächsten Morgen
packt Mara ihren Rucksack:
Ein Halfter mit Strick.
Eine Bürste und einen Striegel.
Einen Hufkratzer.

Mit Greta hat sie
immer Pferd gespielt.
Wie gut sie die Sachen
nun gebrauchen kann!

Jetzt drehen sich ihre Gedanken
im Kopf.

Die Leute aus dem alten Haus!
Ob sie Mara bemerkt haben?
Ob sie deshalb böse sind?
Warum wird Mimi
nicht mehr versorgt?

Zuerst gibt Mara dem Pony Heu.
Dann füllt sie frisches Wasser
in die Wanne.

Und dann?
Sie muss zum Haus gehen
und sehen, was los ist.
Für Mimi.
Auch wenn sie Mimi dann vielleicht
nie wieder besuchen darf.

Die Tür ist nicht verschlossen.
Eine Klingel gibt es nicht.
„Ist jemand zu Hause?",
ruft Mara in den dunklen Flur.

Sie hört ein lautes Husten.
Eine Stimme antwortet:
„Komm herein,
ich habe schon auf dich gewartet!"

Mara rutscht das Herz
in die Hose.

In dem Zimmer liegt eine alte Dame
mit einem riesigen Schal
um den Hals.
Sie lächelt
und winkt Mara zu sich heran.

„Du bist also Mathildas Freundin!
Ich freue mich sehr,
dich kennenzulernen", sagt sie.

„Ich bin Maria,
und ich habe mich stark erkältet.
Deshalb konnte ich heute
nicht raus zu Mathilda.
Du bist so lieb zu ihr!
Ich habe euch
heimlich beobachtet ..."

Mara wird knallrot.

Die alte Dame hustet wieder.
„Und ich wollte dich fragen,
ob du sie füttern kannst,
solange ich krank bin.
Das wäre eine große Hilfe für mich."

Mara kann nicht antworten.
Sie nickt mit dem Kopf.
Ganz oft.
So FROH FROH FROH ist sie!

6. Ein schönes Zuhause!

Eine Woche später ist Maria
wieder gesund.

Papa macht ein großes Loch
in die Hecke.
So kann Mara besser
zu Mimi-Mathilda kommen.
Und Mimi-Mathilda zu Mara.

Maria kommt auch oft herüber.
Sie hilft Mama mit dem Baby
und trinkt Tee.

Und kurz bevor die Schule beginnt,
hat sie noch eine Überraschung
für Mara.

„In den Herbst-Ferien
kommt meine Enkelin Karla
zu Besuch.
Sie lebt in Amerika
und ist so alt wie du.
Ich zeige euch dann,
wie man Mathilda
vor die Kutsche spannt!", sagt Maria.

Mara ist glücklich!

Hallo!
Ich bin Luna Leseprofi.
Ich fliege durch das All.
Und ich bin ein echter Leseprofi.
Möchtest du mit mir lesen lernen?

Dann beantworte die 6 Fragen.
Löse jetzt das Rätsel und komm mit
in meine Lese-Welt im Internet.
Dort gibt es noch mehr
spannende Spiele und Rätsel!

Leserätsel

1. Wen vermisst Mara jetzt schon?

H: ihre Nachbarin

G: ihre Freundinnen

P: den Baum vor ihrem Fenster

2. Im Haus nebenan wohnen wohl alte Leute, weil …

A: … komische Gardinen an den Fenstern hängen.

E: … eine alte Bank an der Hauswand steht.

O: … ein Vogel-Käfig im Fenster steht.

3. Füttert Mara das Pony?

M: Nein, fremde Tiere soll man nicht füttern.

L: Ja, sie füttert es mit Äpfeln.

R: Ja, sie füttert es mit Möhren.

4. Kennt sich Mara gut aus mit Ponys?

C: Ja, sie braucht gar kein Pferde-Buch.

R: Ja, sie ist schon viel geritten.

T: Nein, sie weiß nur ein kleines bisschen.

5. Wie heißt das Pony wirklich?

H: Mimi

E: Mathilda

O: Mimi-Mathilda

6. Wer kommt im Herbst zu Besuch?

N: Marias Enkelin

A: Maras beste Freundin

E: Maras Oma Maria

Lösung: __ __ __ __ __

Hast du das Rätsel gelöst?
Dann gib das Lösungswort unter
www.LunaLeseprofi.de ein.
Hole deine Familie, deine Freunde
und Lehrer dazu. Du kannst dann
noch mehr Spiele machen.
Viel Spaß! Deine Luna

Sonne, Mond und Sterne

Wollen wir uns wieder vertragen?

Cornelia Funke / Franziska Harvey
Sonne, Mond und Sterne – 1. / 2. Klasse
Dicke Freundinnen
ISBN 978-3-7891-1202-7

Cornelia Funke / Franziska Harvey
Sonne, Mond und Sterne – 1. / 2. Klasse
Dicke Freundinnen und der beste Dieb der Welt
ISBN 978-3-7891-1229-4

Sofie und Ida sind beste Freundinnen. Doch dann bringt Belinda alles durcheinander. Kann man auch zu dritt befreundet sein?

Sofie, Belinda und Ida spielen am liebsten Indianer. Aber der wilde Philipp will sich nicht klauen lassen, sondern Pferdedieb sein!

Oetinger

Mit Lesespielen im Internet. Lesepatenmodell für Lehrer und Eltern.
www.LunaLeseprofi.de *und* **www.oetinger.de**

Sonne, Mond und Sterne

Paula ist Geheimnissen auf der Spur

Ursel Scheffler / Dagmar Henze
**Sonne, Mond und Sterne – 1./2. Klasse
Paula auf dem Ponyhof**
ISBN 978-3-7891-1198-3

Ursel Scheffler / Dagmar Henze
**Sonne, Mond und Sterne – 1./2. Klasse
Paula macht Ferien am Meer**
ISBN 978-3-7891-0658-3

In der Nacht hören Paula und ihre Freundin Sine auf dem Ponyhof seltsame Geräusche. Ob das der gefährliche Pferdedieb ist?

Endlich Ferien! Paula und der Leuchtturmwärter Ole finden am Strand eine Flaschenpost mit einem geheimnisvollen Brief.

Oetinger

Mit Lesespielen im Internet. Lesepatenmodell für Lehrer und Eltern.
www.LunaLeseprofi.de und **www.oetinger.de**